# Salawat de Inmensas Bendiciones

# Salawat de Inmensas Bendiciones

Para eliminar de su vida la Magia Negra,
los Problemas Matrimoniales y la Energía negativa

Extraído del libro de *Talkhīs al-Ma´arif*
por Sayyid Muḥammad ´Ārif

Explicado por
*Sheikh Muhammad Hisham Kabbani*

Traducido por Hamida Marchetti Artaza
Editado por Abdul Matin Vicente

Publicado por el Instituto de Promoción Cultural y Espiritual

Publicado y distribuido por:

Institute for Spiritual and Cultural Advancement (ISCA)
17195 Silver Parkway, #201
Fenton, MI 48430 USA
Tel: (888) 278-6624
Fax: (810) 815-0518
Email: staff@naqshbandi.org
Web: http://www.naqshbandi.org

Primera edición: mayo 2013

SALAWAT DE INMENSAS BENDICIONES

ISBN: 978-1-938058-09-7

Muhammad Hisham.
Islamic devotional compiled by Shaykh Muhammad Hisham Kabbani. --1st ed.
p. cm. -- (salawat of tremendous blessings)
Spiritual discourses of Shaykh Muhammad Hisham Kabbani. -- 1st ed.
p. cm. -- (To remove black magic, marital problems and negative energy from your life)
ISBN: 978-1-938058-09-7 (alk. paper)
1. Naqshabandiyah. 2. Sufism. I. Title.
BP189.7.N352K327 2012
297.4'8--dc22
2010044186

PRINTED IN THE UNITED STATES OF AMERICA

15 14 13 12 11 05 06 07 08 09

Sheikh Muḥammad Hisham Kabbani es un erudito Islámico y representante de Sheikh Muḥammad Nāzim Adil al-Ḥaqqānī, líder mundial de la Orden Sufi Naqshbandi-Haqqani. Él está autorizado a enseñar la Ley Islámica y aconsejar a buscadores de todo el mundo en base a la ciencia y principios del *Taṣawwuf (sufismo) y* las enseñanzas del misticismo Islámico que se remontan al Profeta Muḥammad (la paz y las bendiciones de Dios sean con él).

Para saber más acerca del *Taṣawwuf*, o acerca de enseñanzas Islámicas y el resultado de tres décadas de ayuda y consejos de Sheikh Hisham Kabbani a jefes de estado, asesores de política exterior, ministros de gobierno, medios de difusión escritos y audiovisuales, y líderes de otras religiones y organizaciones religiosas, visite nuestros sitios en internet:

www.islamicsupremecouncil.org www.eShaykh.com
www.Sufilive.com sufismcentre.co.uk

إنَّ اللَّهَ وَمَلَائِكَتَهُ يُصَلُّونَ عَلَى النَّبِي
يَا أَيُّهَا الَّذِينَ آمَنُوا صَلُّوا عَلَيْهِ وَسَلِّمُوا تَسْلِيمًا

*Inna 'Llāha wa malā'ikatahu yuṣallūna ´alā 'n-nabīyy,*
*yā ayyuha 'Lladhīna āmanū ṣallū ´alayhi wa sallimū taslīma.*

*Ciertamente, Allāh y sus Ángeles envían alabanzas sobre el Profeta.*
*O Creyentes! Bendecidle y Enviadle alabanzas y saludadle*
*como se debe!*

(*Surat al-Aḥzāb,* 33:56)

# Índice


DEDICATORIA I

PRÓLOGO POR MAULANA SHEIKH NAZIM AL-HAQQANI III

PREFACIO V

INTRODUCCIÓN VII

NOTAS DEL EDITOR IX

TRANSLITERACIÓN XI

FAḌĀ'IL AṢ-ṢALĀT ʹALĀ 'N-NABĪ 1

BENEFICIOS DE LA ALABANZA AL PROFETA Ÿ 3

ṢALAWĀT REMUEVE LAS DIECISIETE MALAS CARACTERÍSTICAS. 5

INSTRUCCIONES PARA LEER ṢALAWĀT EN ESTE LIBRO 7

RECITACIONES DIARIAS 9

1) Ṣalawāt Nūrāniyyah/ Ṣalawāt al-Badawī al-Kubrā 11

2) Ṣalāt al-Fāṭiḥ 12

3) Ṣalāt al-Munajīyyah / Ṣalāt Tunjīnā 12

4) Ṣalāt al-ʹĀlī al-Qadr, 13

5) Ṣalawāt at-Taḥīyyāt 13

6) Jawharat al-Kamāl 14

7) Ṣalawāt Ūli 'l-ʹAzam 15

8) Ṣalawāt de Grandsheikh AbdAllāh 15

9) Ṣalawāt al-Askandarī 16

10) Ṣalawāt al-Bakrī 17

11) Ṣalawāt que equivale a 100,000 Ṣalawāt 17

12) Ṣalāt al-Kāmil 17

13) Ṣalawāt Kamālīya 18

14) Ṣalāt as-Saʿadah 18

15) Ṣalawāt adh-Dhātīyyah 19

16) Variación del Ṣalawāt al-Askandarī 20

17) Sayyid aṣ-Ṣalawāt 21

18) Ṣalawāt de Sayyīdinā ʿAlī 22

**RECITAR EN *JUMŪ'AH*** **23**

1) Ṣalāt al-'Ālī al-Qadr ........ 25

2) Ṣalawāt de Sayyīdinā 'Alī ........ 25

3) Ṣalawāt Para ver a tu Señor en Sueños ........ 26

**RECITAR PARA BENEFICOS ESPECÍFICOS** **27**

1) Ṣalawāt para ver al Profeta ........ 29

2) Ṣalawāt Shafa'ah ........ 29

3) Ṣalawāt Para Shifā ........ 30

4) Ṣalawāt de Imam ash-Shāfi'ī ........ 30

## Dedicatoria

Primero y ante todo, este libro está dedicado al amor del Profeta Muḥammad ﷺ, y a toda su *Ahlu 's-Sunnah wa 'l-Jama´ah* quienes han permanecido siempre en la mención de Sayyīdinā Muḥammad ﷺ y sus *Ṣaḥābah* ؓ con el más profundo respeto.

Es también dedicado a los eminentes *shuyūkh* de la Cadena Dorada de la Orden Sufi Naqshbandi Haqqani, Especialmente a Sayyīdī Sheikh Muḥammad Nāzim Adil al-Ḥaqqānī ق y a todos sus seguidores, igualmente a todos los *maSheikh* de las otras estimadas *ṭarīqats* y sus seguidores.

Quiera Allāh ﷻ otorgarles una participación de los beneficios de este humilde esfuerzo.

# Prólogo por
# Maulana Sheikh Nazim al-Haqqani

Todas las alabanzas pertenecen a Dios Todopoderoso, Quién creó el Universo de la Nada Absoluta, Quién trajo la Creación a la existencia y la iluminó con Su Luz, y la adornó con Sus Nombres y Atributos y a la cual refleja en el Espejo de Su Realidad. Él Honró a Sus especiales servidores permitiéndoles contemplar el esplendor de Su Luz, y les manifestó Su permanente Presencia, elevándolos a una estación exaltada!

Alabado Sea Dios, Quien prodigó Su Amor Divino sobre la Gente del Éctasis, y los adornó con Su aceptación y satisfacción y bendijo a aquellos que buscan el más distinguido camino hacia Él. Él permite a aquellos que Él quiere a entrar en Su Presencia y que reciban de Sus Palabras, que son el Origen del Origen, la Realidad de las Realidades, la Luz de las Luces!. La alabanza pertenece a Él, y por medio de esta, le pido que nos abra las puertas de Su bondad Celestial y que nuestros agradecimientos sean perfumados con el perfume de las rosas de Sus Nombres!

Doy testimonio de que Él es el Único que debe ser adorado, y Él es la Única Fuente de bondad! Doy testimonio de que Su Mensajero, nuestro soporte, Sayyīdinā Muḥammad ﷺ, es Su sincero y leal servidor, al cual Él eligió para ser el corazón de su Divina Esencia. Quiera Dios conceder Sus bendiciones sobre Su Amado Profeta Muhammad ﷺ, sobre su noble Familia ؓ y sobre sus Compañeros ؓ, y sobre todos aquellos que siguieron sus pasos, todos los Santos y Maestros de la Más Distinguida Orden Naqshbandi y de todas las Ordenes Sufies.

Que las bendiciones de Dios y sus saludos de Paz sean sobre nuestro Amado Profeta Muhammad ﷺ, quien es el sol resplandeciente de la Luz Invisible de la Divina Presencia que llegó y eclipsó la luz misma del sol! Como él percibió, él informó, como él descubrió, él describió. Con su Luz, la Luz de la Profecía brilló en lo sucesivo, y la Luz de los Profetas de esta manera apareció. No se puede encontrar ninguna luz más luminosa que esta! 'Quién puede ser más brillante que Aquel que Brilla por sobre Toda la Creación? Su fervor precede todos los fervores, su existencia precedía a la Nada Absoluta y su nombre precedía al Cálamo, porque él estaba antes que todo esto existiera y él es el Maestro de la Creación!

Su nombre es Muhammad ﷺ! Él es único! Su palabra es confirmada!

Sus atributos son los más honrados! O Humanidad! Asómbrense con su apariencia, con sus visiones, con su grandeza, con su fama, con su Luz, con su pureza, con su piedad, con su poder, con su realidad y su esencia! Fue y sigue siendo desde la pre-Eternidad hasta después de la Eternidad. Él era conocido antes de los universos y la Creación. Era conocido en la Divina Presencia de Dios como "El Corazón de la Esencia", que se manifiesta a través de él.

Él fue siervo sincero de su Señor desde entonces. Él fue mencionado antes de que hubiese un "antes" y lo será después de que haya un "después" Él es el Signo de todos los signos. ÉL es la perla de todas las joyas. ÉL es el arcoíris de todos los colores. Él está conectado con Dios Todopoderoso, y nunca podrá ser desconectado.

Todo el conocimiento es solo una gota en su océano. Todos los siglos, son solo un momento en su tiempo. Él es la verdad y realidad de la existencia. Él es el primero en conexión y el último en la profecía. Él es verdad en lo interno y conocimiento en lo externo.

Allah Todopoderoso lo envió como Su representante desde Su Luz y como un servidor sincero de Su Creación, elevándolo hasta su Divina Presencia y poniendo su nombre al lado de Su Nombre. Él fue Profeta cuando Adam عليه السلام estaba entre agua y barro!.

Saludos de Paz sean con su Familia y sus Ilustres Compañeros- quiera Dios estar complacido de todos ellos-quienes fueron guiados por la grandeza de sus obras, la claridad de sus palabras, la Luz de su ser y la perfección de su religión; quienes bebieron de los océanos de sus buenos modales, su ética y su perfecto estado, quienes, en la obtención del conocimiento y de la verdad, se bañaron en la fuente de sus secretos!

Para todos aquellos que lean este libro, que sea este una fuente permanente de conexión con nuestro amado Profeta ﷺ, y quiera este abrir infinitas bendiciones sobre ellos, purificar sus corazones, aliviar las cargas y aplastar la influencia e interferencia de shaytan en sus vidas.

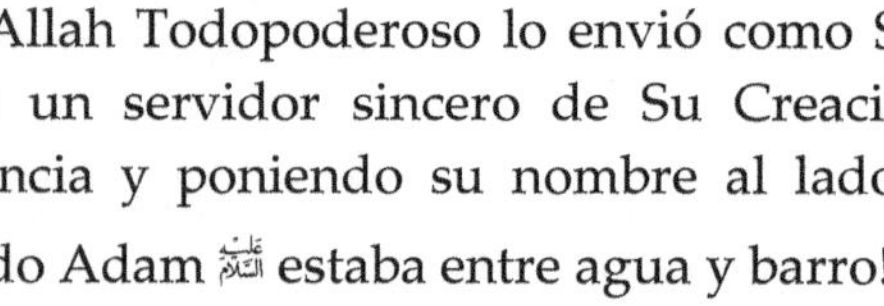

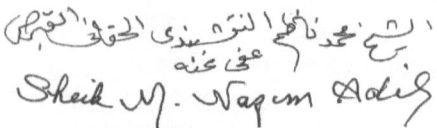

Para un entendimiento más profundo sobre los beneficios y poderes secretos del *ṣalawāt*, visiten www.Sufilive.com y su reciente serie basada en las enseñanzas de Maulana Sheikh Nazim, "La Grandeza del *Ṣalawāt* sobre el Profeta ﷺ," que cuenta con más de dos docenas de conferencias en vídeo y transcripciones. Para descargar los archivos imprimibles y grabaciones de audio de los ṣalawāt que hay en este libro, ir a http://www.sufilive.com/salawat/.

# Prefacio

El máximo propósito en la compilación de estos *ṣalawāt* es demostrar la Grandeza que Allah ﷻ dio a Su Amado Profeta Muḥammad ﷺ. Este libro cuenta con el sofisticado y elegante lenguaje usado por los antiguos eruditos Musulmanes y los *awlīyāullāh* de alrededor del mundo. Hoy en día esto se ha perdido en las composiciones modernas.

Desde África del Norte, África del Sur y el Subcontinente, a través de todos los países Árabes, el lejano oriente y el lejano oeste; hasta el día de hoy, los gigantes espirituales que compusieron estas oraciones, tan conmovedoras para el corazón, elocuentes peticiones hacia su Señor en unas alabanzas magníficas hacia su Amado ﷺ, son incomparables al expresar la esencia de la más alta forma de amor!

Solo con algunas excepciones de entre las sagradas y renombradas *Qaṣīdat al-Burdatu 'sh-Sharīfah, Qaṣīdat al-Mudarīyyah fī Madḥ Khayri 'l-Barīyyah*[1] y el *Dalā'il al-Khayrāt*[2], no hemos visto una prosa tan iluminada y trascendental.

Allāh ﷻ ordenó a todos los Ángeles; Aquellos que Él creó ya sea en el pasado o el presente, y a todos a quienes creará en el futuro hacer *ṣalawāt* continuamente sobre el Profeta ﷺ[3], no solamente una vez, ellos lo alaban sin parar en cada momento desde que fueron creados y lo continuarán haciendo hasta el Día del Juicio.

La grandeza que Allāh ﷻ ha mostrado en su Profeta ﷺ es en el *ṣalawāt* único que hace cada ángel el cual no puede ser repetido! Un infinito número de ángeles está continuamente recitando un infinito número de *ṣalawāt* que no han sido recitados nunca y que nunca se recitarán nuevamente. Su segunda recitación no es igual a la primera y la cuarta no es igual a la tercera, cada *ṣalawāt* es único y viene a ellos como Aparición Divina.

Nunca debemos pensar que esto es mucho o que es una exageración, como la grandeza de Allahﷻ es siempre mayor Él puede hacer incluso más que esto.

---

[1] Ambas *qaṣa'id* fueron compuestas por Shadhilī Sheikh Imam Muḥammad al-Būsīrī (d. 1294), Egipcio (descendiente de un Barbero Marroquí).

[2] Imam Muḥammad al-Jazuli, Marruecos (d.1465).

[3] Sagrado Qur'an, Surat al-Aḥzāb, 33:56.

# Introducción

*Salawāt,* la invocación de alabanzas sobre el Profeta Muḥammad ﷺ, es una Orden Divina para todos los creyentes (sagrado Qur'an, 33:56). Los ṣalawāt han sido recitados desde la creación de la humanidad, y es el medio para alcanzar altas estaciones espirituales y a la vez mejorar nuestra cercanía con Allah Todopoderoso y Su Amado Profeta ﷺ.

El *Ṣalawāt* es conocido que pule el corazón espiritual, permitiendo que se reflejen atributos celestiales que a menudo son bloqueados por la preocupación por el mundo físico. Específicamente, la recitación de *ṣalawāt* desarrolla un buen carácter y aumenta los buenos deseos, y disminuye el mal carácter y remueve los malos deseos.

Este libro es una colección de *ṣalawāt* que son conocidos por acelerar el progreso espiritual y que han sido autenticados por el Profeta ﷺ y por eminentes eruditos Islámicos y místicos alrededor de toda nuestra historia de 1500 años.

Si alguien realiza *ṣalawāt,* quiera Allah ﷻ incluir una participación de todo adorador en esta vida con la adoración del Profeta ﷺ, los *Ṣaḥābah* y todos los *awlīyāullāh.* Si podemos leer estos *ṣalawāts, Alḥamdulillāh;* si no podemos, decimos entonces, "*Yā Rabbī*! Por Cualquier *ṣalawāt* que la gente haga sobre el Profeta ﷺ, comparte esas recompensas con nosotros!" Esa es la forma más rápida de sobresalir. Allāh ﷻ dijo, *"Pide y te daré!"* (Sagrado Qur'an, 40:60) entonces pedimos, *"Yā Allāh*! Por la gracias de *ma'ṣūmīn,* los Infalibles, danos una porción en las recompensas de la adoración de tus Profetas, especialmente de Sayyīdinā Muḥammad ﷺ!"

Así como Grandsheikh 'AbdAllāh ق nos enseñó, si no puedes recitar todos estos *ṣalawāts,* dí, *"Yā Rabbī, nawaynā mithla mā nawā Maulanā Sheikh.* Oh mi Señor! Ponemos la misma intención que Maulana Sheikh," y lo mismo será escrito para ti, ya que es muy difícil leerlos todos. Este es el camino más fácil y es el camino de los *awlīyāullāh.*

Grandsheikh 'AbdAllāh ق mostró su gran amor al Profeta ﷺ y nos enseñó ese amor, así como Maulana Sheikh Nazim ق lo ha hecho, quiera Allah ﷻ otorgarle una larga vida, y todos los *awlīyāullāh* y eruditos mencionados en este humilde libro. Pedimos porque nuestra intención sea la misma de ellos, y pedimos por su soporte ya que somos débiles, indefensos y deficientes en todas las cosas y no podemos lograr nada por nosotros mismos. Podemos pasar la vida tratando de lograr algo, pero nuestros esfuerzos solo seguirán siendo como los de una hormiga, y ni siquiera eso! No pienses que tú *'amal* te salvará, ya que solo el soporte e intercesión de ellos es el que nos pondrá a salvo!.

Pedimos al Profeta ﷺ y a Grandsheikh ق que intercedan por nosotros y que se nos conceda estar con ellos tanto en el *dunyā* como en el *Ākhirah*! Ellos pueden estar con nosotros, pero nosotros no podemos estar con ellos si ellos no nos abren esa puerta y nos lleven dentro, no podemos entrar en ese reino por nosotros mismos.

*Sheikh Muḥammad Hisham Kabbani*
*Septiembre 2012*

# Notas Del Editor

Los siguientes símbolos son reconocidos universalmente, han sido respetuosamente incluidos en este libro y son profundamente apreciados por nuestros lectores.

ﷻ *Subḥānahu wa Ta´ālā* (Sea exaltada su gloria), recitarlo después del nombre "Allāh" y cualquiera de los nombres islámicos de Dios.

ﷺ *ṢallAllāhu ´alayhi wa sallam* (Las bendiciones y los saludos de paz de Dios sean con ÉL), recitarlo después del Santo Nombre del Profeta Muḥammad.

عليه السلام *´Alayhi 's-salām* (La paz sean con ÉL/ELLA), Recitarlo después de los nombres sagrados de los otros Profetas, los nombres de los parientes del Profeta Muḥammad, las puras y virtuosas mujeres del Islam y los ángeles.

رضي الله عنه *Raḍī-Allāhu ´anhu/´anhā* (quiera Dios estar complacido con ÉL/ELLA), recitarlo después de los santos nombres de los compañeros del Profeta Muḥammad.

ق *QaddasAllāhu sirrah* (quiera Dios santificar su secreto),recitarlo después de los nombres de los santos.

# X

# Transliteración

Para facilitar la auténtica pronunciación de los nombres, lugares y términos use la siguiente forma.

| Símbolo | Transliteración | Símbolo | Transliteración | Vocales: Largas | |
|---|---|---|---|---|---|
| ء | ʻ | ط | ṭ | آ ى | |
| ب | b | ظ | ẓ | و | |
| ت | t | ع | ʿ | ي | |
| ث | th | غ | gh | Cortas | |
| ج | j | ف | f | َ | |
| ح | ḥ | ق | q | ُ | |
| خ | kh | ك | k | ِ | |
| د | d | ل | l | | |
| ذ | dh | م | m | | |
| ر | r | ن | n | | |
| ز | z | ه | h | | |
| س | s | و | w | | |
| ش | sh | ي | y | | |
| ص | ṣ | ة | ah; at | | |
| ض | ḍ | ال | al-/'l- | | |

# Faḍā’il aṣ-Ṣalāt ´alā ’n-Nabī

## فضائل الصلاة على النبي

نقل الإمام الشعراني في كتاب حدائق الأنوار في الصلاة والسلام على النبي المختار، في الثمرات التي يجتنيها العبد بالصلاة على رسول الإسلام محمد والفوائد التي يكتسبها ويقتنيها:

1. امتثال أمر الله بالصلاة عليه.
2. موافقته سبحانه وتعالى في الصلاة عليه.
3. موافقة الملائكة في الصلاة عليه.
4. حصول عشر صلوات من الله تعالى.
5. أن يرفع له عشر درجات.
6. يكتب له عشر حسنات.
7. يمحى عنه عشر سيئات.
8. ترجى إجابة دعوته.
9. أنها سبب لشفاعته صلى الله عليه وسلم.
10. أنها سبب لغفران الذنوب وستر العيوب.
11. أنها سبب لكفاية العبد ما أهمه.
12. أنها سبب لقرب العبد منه صلى الله عليه وسلم.
13. أنها تقوم مقام الصدقة.
14. أنها سبب لقضاء الحوائج.
15. أنها سبب لصلاة الله وملائكته على المصلي.
16. أنها سبب زكاة المصلي والطهارة له.
17. أنها سبب لتبشير العبد بالجنة قبل موته.
18. أنها سبب للنجاة من أهوال يوم القيامة.
19. أنها سبب لردّه صلى الله عليه وسلم على المصلى عليه.
20. أنها سبب لتذكر ما نسيه المصلي عليه صلى الله عليه وسلم.

21. أنها سبب لطيب المجلس وأن لا يعود على أهله حسرة يوم القيامة.
22. أنها سبب لنفي الفقر عن المصلي عليه صلى الله عليه وسلم.
23. أنها تنفي عن العبد اسم البخل إذا صلى عليه عند ذكره صلى الله عليه وسلم.
24. نجاته من دعائه عليه برغم أنفه إذا تركها عند ذكره صلى الله عليه وسلم.
25. أنها تأتي بصاحبها على طريق الجنة وتخطئ بتاركها عن طريقها.
26. أنها تنجي من نتن المجلس الذي لا ذكر فيه اسم الله ورسوله صلى الله عليه وسلم.
27. أنها سبب لتمام الكلام الذي ابتدئ بحمد الله والصلاة على رسوله صلى الله عليه وسلم.
28. أنها سبب لفوز العبد بالجواز على الصراط.
29. أنه يخرج العبد عن الجفاء بالصلاة عليه صلى الله عليه وسلم.
30. أنها سبب لإلقاء الله تعالى الثناء الحسن على المصلي عليه صلى الله عليه وسلم بين السماء والأرض.
31. أنها سبب رحمة الله عز وجل.
32. أنها سبب البركة.
33. أنها سبب لدوام محبته صلى الله عليه وسلم وزيادتها وتضاعفها وذلك من عقود الإيمان لا يتم إلا به.
34. أنها سبب لمحبة الرسول صلى الله عليه وسلم للمصلي عليه صلى الله عليه وسلم.
35. أنها سبب لهداية العبد وحياة قلبه.
36. أنها سبب لعرض المصلي عليه صلى الله عليه وسلم وذكره عنده صلى الله عليه وسلم.
37. أنها سبب لتثبيت القدم يعني على الصراط.
38. تأدية الصلاة عليه لأقل القليل من حقه صلى الله عليه وسلم وشكر نعمة الله التي أنعم بها علينا.
39. أنها متضمنة لذكر الله وشكره ومعرفة إحسانه.
40. أن الصلاة عليه صلى الله عليه وسلم من العبد دعاء وسؤال من ربه عز وجل فتارة يدعو لنبيه صلى الله عليه وسلم وتارة لنفسه ولا يخفى ما في هذا من المزية للعبد.
41. من أعظم الثمرات وأجل الفوائد المكتسبات بالصلاة عليه صلى الله عليه وسلم انطباع صورته الكريمة في النفس.
42. أن الإكثار من الصلاة عليه صلى الله عليه وسلم يقوم مقام الشيخ المربي.

# Beneficios de la Alabanza al Profeta ﷺ

Imām ash-Sha'rānī relató en su libro, "Los Jardines de luz debido a la Alabanza y la Salutación sobre el Profeta Elegido" algunos de los frutos recolectados por el servidor que alaba al mensajero del Islam, Sayyīdinā Muḥammad ﷺ,son:

1. Obedecer la orden de Allah alabando a su Profeta ﷺ.
2. Mediante la alabanza, estamos haciendo algo que Allah ﷻ hace.
3. Mediante la alabanza, estamos haciendo algo que los ángeles hacen.
4. Recibimos diez *ṣalawāt* de Allāh ﷻ por un *ṣalawāt* nuestro.
5. Nos elevamos diez niveles.
6. Ganamos diez bondades.
7. Somos aliviados de diez pecados.
8. La oración de una alabanza es aceptada.
9. Es el medio para ganar la intercesión de Sayyīdinā Muḥammad ﷺ.
10. Es el medio para el perdón y para cubrir nuestros defectos.
11. Es el medio de defensa sobre a lo que a un sirviente le inquieta.
12. Es el medio de acercarse a Sayyīdinā Muḥammad ﷺ.
13. Es igual a la caridad.
14. Es el medio por el cuál las necesidades son cubiertas.
15. Es el medio por el cuál los ángeles hagan *ṣalawāt* sobre nosotros.
16. Es el medio por el cuál uno se limpia y purifica a sí mismo.
17. Es el medio por el cuál se le dan buenas nuevas de entrar al Cielo al servidor antes de morir.
18. Es el medio para evitar los juicios el Día del Juicio.
19. Es el medio por el cuál uno recibe de vuelta las salutaciones del Profeta ﷺ.
20. Es el medio por el cuál poder recordar lo que uno ha olvidado.
21. Es el medio por el cuál un encuentro, reunión se vuelva fragante y para que aquellos que participen no vean sufrimiento en el Día del Juicio.
22. Es el medio para mantener alejada la pobreza de aquellos que alaben al Profeta ﷺ.
23. Una persona que alaba al Profeta ﷺ no puede ser llamado avaro,(solo una persona que oye su nombre y no lo alaba es avaro).
24. Es una salvación de ser maldecido por oír Su ﷺ nombre y no alabarlo.

25. El *Ṣalawāt* sobre el Profeta ﷺ guía al dueño al cielo y extravía del camino al paraíso a aquel que lo abandona o lo desecha.
26. Es una salvación del hedor de una reunión en la que el nombre de Allah ﷻ y del Profeta ﷺ no son mencionados.
27. Perfecciona las palabras de quien comienza alabando a Allāh ﷻ y a su Profeta ﷺ.
28. Es el medio por el cual al servidor se le otorga el paso sobre el puente (*Ṣirāṭ al-Mustaqīm*).
29. Se remueve al siervo de la displicencia de Allah ﷻ.
30. Es el medio por el cual Allāh ﷻ arrojará grandes elogios entre los cielos y la tierra por el sirviente que alaba al Profeta ﷺ.
31. Es el medio por el cual se gana la misericordia de Allah ﷻ.
32. Es el medio para obtener bendiciones.
33. Es el medio por el cual nuestro amor hacia Sayyīdinā Muḥammad ﷺ se hace consistente y aumenta, lo que se debe a nuestra propia fe, sin la cual no podríamos alcanzar.
34. Es el medio por el cual uno gana el amor del Profeta ﷺ.
35. Es el medio para que el servidor obtenga guía y para que su corazón permanezca vivo.
36. Es el medio por el cual al servidor se le llevará al frente del Profeta ﷺ y su nombre será mencionado en frente de ÉL ﷺ.
37. Es el medio por el cual los pies de uno se tornan firmes en el camino.
38. El hacer *ṣalawāt* sobre Él ﷺ no es suficiente en lo que se le debe por derecho, pero es un gesto de gratitud hacia Él ﷺ.
39. El *ṣalawāt* contiene *dhikrullāh,* agradecimiento a Allahﷻ por darnos a conocer sus favores sobre nosotros.
40. El *ṣalawāt* del servidor es la súplica a su Señor donde él pide por Su Profeta ﷺ, y en otros momentos pide por sí mismo, que es un rasgo de un amado siervo en la Presencia de Dios.
41. Uno de los mayores frutos y más grandes beneficios que son recibidos por hacer *ṣalawāt* sobre el Profeta ﷺ, es que su honorable imagen se graba en el ser.
42. Alabarlo ﷺ excesivamente es como tener un Sheikh entrenándote en el camino.

# Ṣalawāt Remueve las diecisiete malas Características.

Como fue enseñado por el maestro sufi Abū 'l-Ḥasan al-Kharqānī ق [4], para alcanzar la estación de *Tazkīyyat an-Nafs*, "Purificación del alma," uno debe primero eliminar las diecisiete malas características del ego tirano, estas se nombran a continuación [5]. Recitar *ṣalawāt* como sea posible acelera el proceso de eliminación.

**Los Diecisiete Rasgos Destructivos**

1. Ira *(al-Ghaḍab)*
2. Amor por este mundo físico (*Ḥubbu 'd-Dunyā*)
3. Malicia, Odio (*al-Ḥiqd*)
4. Celos, Envidia(*al-Ḥasad*)
5. Vanidad, Presunción(*al-ʿUjb*)
6. Mezquindad, Tacañeria (*al-Bukhl*)
7. Avaricia, Codicia(*aṭ-Ṭamaʿ)*
8. Cobardía *(al-Jubn)*
9. Indolencia,Holgazanería (*al-Baṭalah*)
10. Arrogancia, Orgullo(*al-Kibr*)
11. Ostentación,(*ar-Rīyā'*)
12. Apego (*al-Ḥirṣ*)
13. Superioridad, Auto importancia(*al-ʿAẓamah*)
14. Distracción(*al-Ghabāwah*) y Pereza(*al-Kasālah*)
15. Ansiedad (*al-Hamm*)
16. Depresión (*al-Ghamm*)
17. Los 800 actos Prohibidos(*al-Manhīyāt*)

Hacer *Ṣalawāt* aumenta la provisión, remueve dificultades, calma el llanto y a los niños difíciles; protege de demandas, fuego, ahogo, secuestro, robo y fiebre; protege los ingresos; asegura a los viajeros por tierra o mar; y desarrolla la mente.

---

[4] Persa (d. 1033). Farīd al-Dīn 'Attār, famoso poeta y sufi persa, llamado "El rey de los reyes entre los maestros sufies" Fue amado y admirado por los grandes poetas y filósofos de su tiempo. (i.e. Avicenna, Shah Maḥmūd of Ghazna, Abū-Saʿīd Abu 'l-Khayr, Nāṣir Khusraw).

[5] Extracto de "La ciencia Sufi de la Auto-Realización. Una guía para los diecisiete rasgos destructivos, 10 pasos hacía el discipulado y seis realidades del corazón" *Kabbani, Sheikh Muhammad Hisham, 2005. (Louisville, Fons Vitae, 2006), vii.*

# Instrucciones para leer Ṣalawāt en este libro

Grandsheikh ʹAbdAllāh al-Fāʹiz ad-Dāghestānī ق a menudo decía, "El mejor de los milagros es ser consistente (en la adoración)." Es mucho mejor ir estableciendo lentamente las prácticas religiosas y no parar, que establecer un régimen largo de muchas prácticas que luego cesarán.

Para ayudar a establecer un hábito diario de lectura de *ṣalawāt*, recomendamos inicialmente leer un *ṣalawāt* de este libro cada día en el número prescrito de recitaciones. Por ejemplo, comenzar con "1) Ṣalawāt Nūrānīyyah (leer una vez)", luego continúa la recitación diaria de "2) Ṣalāt al-Fāṭiḥ, (leer una vez o diez veces después del ʹIshā)", y así sucesivamente. De esta forma, los lectores obtendrán los beneficios de recitar *ṣalawāt* cada día y lentamente aumentarán su capacidad de leer más, sin abandonar esta práctica sagrada.

# Recitaciones Diarias

1. Ṣalawāt Nūrānīyyah / Ṣalawāt al-Badawī al-Kubrā
2. Ṣalāt al-Fāṭiḥ
3. Ṣalāt al-Munajīyyah / Ṣalāt at-Tunjīnā
4. Ṣalāt al-'Ālī al-Qadr
5. Ṣalawāt at-Tahīyyāt
6. Jawharat al-Kamāl, Joya de la Perfección
7. Ṣalawāt Ūli 'l-'Azam
8. Ṣalawāt de Grandsheikh 'AbdAllāh
9. Ṣalawāt al-Askandarī
10. Ṣalawāt al-Bakrī
11. Ṣalawāt que equivale a 100,000 Ṣalawāt
12. As-Ṣalāt al-Kāmil
13. Ṣalawāt Kamālīya
14. Ṣalāt as-Sa'adah
15. Ṣalawāt adh-Dhātīyyah
16. Variación del Ṣalawāt al-Askandarī
17. Sayyid aṣ-Ṣalawāt
18. Ṣalawāt de Sayyīdinā 'Alī

## 1) Ṣalawāt Nūrāniyyah/ Ṣalawāt al-Badawī al-Kubrā, Salawat del Īmām Aħmad al-Badawī (leer una vez al día)

En el libro *Talkhīṣ al-Ma'arif* por Sayyid Muḥammad 'Ārif, se relata que el *walī* Muḥammad al-Talmaysānī ﷺ recitó el *Dalā'il al-Khayrāt* 100,000 veces, después de esto el vio al Profeta ﷺ en sueños diciéndole, "O Muḥammad al-Talmaysānī! Si tu lees el Ṣalāt an-Nūrānīyyah de Āḥmad al-Badawī, será como si recitaras el *Dalā'il al-Khayrāt* 800,000 veces!"

اَللَّهُمَّ صَلِّ وَسَلِّمْ وَبَارِكْ عَلَى سَيِّدِنَا وَمَوْلاَنَا مُحَمَّدٍ شَجَرَةِ الْاَصْلِ النُّوْرَانِيَّةِ، وَلَمْعَةِ الْقَبْضَةِ الرَّحْمَانِيَّةِ، وَأَفْضَلِ الْخُلَيْقَةِ الْاِنْسَانِيَّةِ، وَأَشْرَفِ الصُّوْرَةِ الْجُسْمَانِيَّةِ، وَمَعْدِنِ الْاَسْرَارِ الرَّبَّانِيَّةِ، وَخَزَائِنِ الْعُلُوْمِ الْاِصْطِفَائِيَّةِ، صَاحِبِ الْقَبْضَةِ الْاَصْلِيَّةِ، وَالْبَهْجَةِ السَّنِيَّةِ، وَالرُّتْبَةِ الْعَلِيَّةِ، مَنِ انْدَرَجَتِ النَّبِيُّوْنَ تَحْتَ لِوَائِهِ، فَهُمْ مِنْهُ وَاِلَيْهِ، وَصَلِّ وَسَلِّمْ وَبَارِكْ عَلَيْهِ وَعَلَى آلِهِ وَصَحْبِهِ عَدَدَ مَاخَلَقْتَ، وَرَزَقْتَ وَأَمَتَّ وَأَحْيَيْتَ اِلَى يَوْمِ تَبْعَثُ مَنْ أَفْنَيْتَ، وَسَلِّمْ تَسْلِيمًا كَثِيْرًا وَالْحَمْدُ لله رَبِّ الْعَالَمِيْنَ.

***Allāhumma ṣalli wa sallim wa bārik 'alā Sayyīdinā wa Mawlanā Muḥammadin shajarati 'l-aṣli 'n-nūrānīyyati wa lam'ati 'l-qabḍati 'r-raḥmānīyyati wa afḍali 'l-khalīqati 'l-insānīyyati wa ashrafi 'ṣ-ṣūrati 'l-jismānīyyati wa ma'dini 'l-asrāri 'r-rabbānīyyati wa khazā'ini 'l-'ulūmi 'l-isṭifā'īyyati, ṣāḥibi 'l-qabḍati 'l-aṣlīyyati wa 'l bahjati 's-sanīyyati wa 'r-rutbati 'l-'alīyyati, man indarajati 'n-nabīyyūna taḥta liwā'ihi fahum minhu wa ilayhi wa ṣalli wa sallim wa bārik 'alayhi wa 'alā ālihi wa ṣaḥbihi 'adada mā khalaqta wa razaqta wa amatta wa aḥyayta ilā yawmi tab'athu man afnayta wa sallim taslīman kathīra wa 'l-ḥamdulillāhi rabbi 'l-'alamīn.***

Oh Allah! Exalta, saluda y bendice a nuestro Maestro Muhammad, el Árbol de la Luz Original, la Chispa del Puñado de la Divina Misericordia, lo Mejor de Toda la Humanidad, el Más Noble de los Planos Físicos, el Recipiente de los Secretos del Señor y el Almacén de las Ciencias de los Elegidos, el Poseedor del Soplo Divino Original, la Gracia Resplandeciente, el Superior en Rango bajo cuya bandera se alinearon todos los Profetas, por lo que son de él y apuntan a él. Bendice, saluda y santifícalo a él y a su Familia y a sus Compañeros con el número de todo lo que alguna vez has creado, sostenido y causado la muerte y que has hecho vivir nuevamente, hasta el Día en que Tu resucites a aquellos que Tu redujiste a polvo, y salúdalo con abundantes e interminables saludos. Gloria y alabanzas pertenecen a Allah, el Señor de los Mundos!

## 2) Ṣalāt al-Fātiḥ, Salat del Vencedor ﷺ
**(leer al menos una vez diariamente o 10veces después del 'Ishā)**

Eruditos mencionaron que si recitas este ṣalawāt una vez, es como si recitaras el *Dalā'il al-Khayrāt* 600,000 veces. El valor de este ṣalawāt es más grande que si hicieras ṣalawāt sobre el número de seres humanos desde el tiempo Sayyīdinā Adam ﷺ hasta el Día del Juicio. Si tienes problemas, cada noche después del 'Ishā has *wudu* y reza dos *raka'ats*, luego pide a Allah ﷻ por apertura, recitando Ṣalāt al-Fātiḥ hasta 10 veces, es el ṣalāt Del que Abre, Él ﷻ que Todo lo Abre! Continúa recitando y no digas, "estoy harto no pediré más", también se te recompensará por tu paciencia.

اَللَّهُمَّ صَلِّ عَلَى سَيِّدِنَا مُحَمَّدٍ الفَاتِحِ لِمَا أُغْلِقَ و الخَاتِمِ لِمَا سَبَقَ نَاصِرِ الحَقِّ بِالحَقِّ و الهَادِي إلى صِرَاطِكَ المُسْتَقِيمِ
و عَلَى آلِهِ حَقَّ قَدْرِهِ و مِقْدَارِهِ العَظِيمِ

*Allāhumma ṣalli 'alā Sayyīdinā Muḥammadini 'l-Fātiḥi limā ughliqa wa 'l-khātimi limā sabaq, nāṣiri 'l-ḥaqqi bi 'l-ḥaqqa wa 'l-hādī ilā ṣirāṭika 'l-mustaqīmi wa 'alā ālihi ḥaqqa qadrihi wa miqdārihi 'l-'aẓīm.*

Oh Allah! Exalta a nuestro Maestro Muhammad, que ha abierto lo que estaba cerrado y que selló lo que vino antes, el hace que la verdad sea victoriosa por la verdad, la guía de Tu Camino Recto, y bendice a su Familia, debido a su inmensa estatura y esplendor.

## 3) Ṣalāt al-Munajīyyah / Ṣalāt Tunjīnā, Salat del Rescate **(leer 10 veces diariamente, recomendado por Sheikh Nazim)**

اَللَّهُمَّ صَلِّ عَلَى سيدنا مُحَمَّدٍ صَلاَةً تُنْجِينَا بِهَا مِنْ جَمِيعِ الْأَحْوَالِ وَالْآفَاتِ وَتَقْضِى لَنَا بِهَا مِنْ جَمِيعِ الْحَاجَاتِ
وَتُطَهِّرُنَا بِهَا مِنْ جَمِيعِ السَّيِّئَاتِ وَتَرْفَعُنَا بِهَا عِنْدَكَ أَعْلَى الدَّرَجَاتِ. وَتُبَلِّغُنَا بِهَا أَقْصَى الْغَايَاتِ مِنْ جَمِيعِ الْخَيْرَاتِ
فِي الْحَيَاتِ وَبَعْدَ الْمَمَاتِ.

*Allāhumma ṣalli 'alā Sayyīdinā Muḥammadin ṣalātan tunjīnā bihā min jamī'i 'l-aḥwāli wa 'l-āfāti wa taqḍī lanā bihā min jamī'i 'l-ḥājāti wa tuṭahhirunā bihā min jamī'i 's-sayyi'āti wa tarfa'unā bihā 'indaka 'alā 'd-darajāti wa tuballighunā bihā aqṣā 'l-ghāyāt min jamī'i 'l-khayrāti fi 'l-ḥayāt wa ba'd al-mamāt.*

Oh Allāh! Exalta a Muḥammad con bendiciones que nos liberen de todo miedo, y que por medio de estas se satisfagan todas nuestras necesidades, y que por medio de estas nos purifiquen de todos los pecados, y que por medio de estas seamos elevados a las más altas estaciones, y que por medio de estas nos hagas obtener los más altos niveles en todo lo que es bueno en esta vida y en la vida después de la muerte.

## 4) Ṣalāt al-´Ālī al-Qadr, Salat del Más Alto Valor (Para la claustrofobia)

**(leer 10 veces después del *´Ishā* / 1 vez en la noche del *Jumū´ah*)**

Como es mencionado por muchos *awlīyāullāh*, extraído del libro, *"Sharḥ Ṣalawāt ad-Dardīr al-´Allāmah as-Sāwī"*, recitando este *ṣalawāt* se eliminará la claustrofobia y traerá alivio en la tumba. También eliminará el miedo a los ángeles interrogatorios, *Munkar* y *Nakir*. Quien quiera que recite este *ṣalawāt* una vez cada Viernes, luego de su muerte, el Profeta ﷺ irá a su entierro y lo enterrará con sus propias manos benditas.

Numerosos *awlīyāullāh* han dicho, "Quien recite este *ṣalawāt* incluso una vez el Viernes o Jueves por la noche, Allāh ﷻ "permitirá que su alma se vea como la más Ejemplar de Todas las Almas", no solo cuando su alma deje el cuerpo, si no también cuando sea llevado a su tumba, hasta que vea que el Profeta ﷺ es quién cuida de él en esa tumba. Los *awlīyāullāh* dicen que el ser consistente en la recitación de *as-Ṣalāt al-´Ālī al-Qadr,* diez veces diariamente y una vez en la noche del *Jumu´ah,* te traerá *khayr al-jasīm,* las incontables bondades que provengan de esto. Además el libro *Fatḥ ar-Rasūl* dice que quien lo lee diez veces luego del ´Ishā, será recompensado como si lo hubiese recitado toda la noche.

اللَّهُمَّ صَلِّ وَسَلِّمْ وَبَارِكْ عَلَى سَيِّدِنَا مُحَمَّدٍ النَّبِيِّ الأُمِّيِّ الْحَبِيبِ الْعَالِي الْقَدْرِ الْعَظِيمِ الْجَاهِ وَعَلَى آلِهِ وَصَحْبِهِ وَسَلِّمْ

***Allāhumma ṣalli ʿalā Sayyīdinā Muḥammadi ´n-Nabīyyi ´l-Umīyyi ´l-Ḥabībi ´l-ʿālīyyi ´l-qadri ´l-ʿaẓīmi ´l-jāhi wa ʿalā ālihi wa ṣaḥbihi wa sallim.***

Oh Allāh! Exalta y saluda y bendice a nuestro Maestro Muhammad el Profeta Iletrado, el Amado de Más Alto Valor, Poseedor de una Inmensa Posición y sobre su Familia ﷺ y Compañeros ﷺ envía paz.

## 5) Ṣalawāt at-Taḥīyyāt, Salawat de la Oración de las Felicitaciones (leer una vez al día)

El Profeta ﷺ dijo que cualquiera que lea este *ṣalawāt* una vez al día no sentirá los dolores de la muerte y su alma pasará de este mundo sin problemas como menciona el hadiz, "El alma del *mu´min* dejará el cuerpo como un cabello siendo sacado del ghee", tan fácilmente. Recite este *ṣalawāt* junto con *Jawharat al-Kamāl* al menos una vez al día.

السَّلَامُ عَلَيْكَ أَيُّهَا النَّبِيُّ وَرَحْمَةُ اللهِ وَبَرَكَاتُهُ

***Aṣ-ṣalāmu ʿalayka ayyuha ´n-nabīyyu wa raḥmatullāhi wa barakātuh.***

O Profeta! La Paz de Allah, Bendiciones y Gracia sean sobre ti.

## 6) Jawharat al-Kamāl, Joya de la Perfección ﷺ
### (leer 7 veces diariamente)

Si lees este ṣalawāt siete veces diariamente o más Sayyīdinā Muḥammad ﷺ te amará con un amor especial y no dejarás el *Dunyā* sin convertirte en un *walī* de Allāh! Al recitar este ṣalawāt, estas mencionando los más altos nombres del Profeta ﷺ, a través de los cuáles Allāh ﷻ abrirá para ti lo que Él ha abierto para sus *Awlīyā*.

اللَّهُمَّ صَلِّ وَسَلِّمْ عَلَى عَيْنِ الرَّحْمَةِ الرَّبَّانِيَةِ وَالْيَاقُوتَةِ الْمُتَحَقِّقَةِ الْحَائِطَةِ بِمَرْكَزِ الْفُهُومِ وَالْمَعَانِي،

وَنُورِ الْأَكْوَانِ الْمُتَكَوِّنَةِ الْآدَمِيِّ صَاحِبِ الْحَقِّ الرَّبَّانِي، الْبَرْقِ الْأَسْطَعِ بِمُزُونِ الْأَرْبَاحِ الْمَالِئَةِ لِكُلِّ مُتَعَرِّضٍ مِنَ الْبُحُورِ وَالْأَوَانِي، وَنُورِكَ اللَّامِعِ الَّذِي مَلَأْتَ بِهِ كَوْنَكَ الْحَائِطِ بِأَمْكِنَةِ الْمَكَانِي،

اللَّهُمَّ صَلِّ وَسَلِّمْ عَلَى عَيْنِ الْحَقِّ الَّتِي تَتَجَلَّى مِنْهَا عُرُوشُ الْحَقَائِقِ عَيْنِ الْمَعَارِفِ الْأَقْوَمِ صِرَاطِكَ التَّامِّ الْأَسْقَمِ، اللَّهُمَّ صَلِّ وَسَلِّمْ عَلَى طَلْعَةِ الْحَقِّ بِالْحَقِّ الْكَنْزِ الْأَعْظَمِ إِفَاضَتِكَ مِنْكَ إِلَيْكَ إِحَاطَةِ النُّورِ الْمُطَلْسَمِ صَلَّى اللهُ عَلَيْهِ وَعَلَى آلِهِ، صَلَاةً تُعَرِّفُنَا بِهَا إِيَّاهُ

*Allāhumma ṣalli wa sallim 'alā 'ayni 'r-raḥmati 'r-rabbānīyyati wa 'l-yāqūtati 'l-mutaḥaqqiqati 'l-ḥā'iṭati bi-markazi 'l-fuhūmi wa 'l-ma'ānī. Wa nūri 'l-akwāni 'l-mutakawwinati 'l-ādamīyy ṣāḥibi 'l-ḥaqqi 'r-rabbānī. Al-barqi 'l-asṭa'i bi-muzūni 'l-arbāḥi 'l-mā'ilati li-kulli muta'arriḍi mina 'l-buḥūri wa 'l-awānīyy. Wa nūrika 'Llāmi'i 'Lladhī malā'ta bihi kawnaka 'l-ḥā'iṭi bi-amkinati 'l-makānī. Allāhumma ṣalli wa sallim 'alā 'ayni 'l-ḥaqqi 'Llatī tatajallā minhā 'urūshu 'l-ḥaqāiqi 'ayni 'l-ma'ārifi 'l-aqwamu ṣirāṭika 't-tāmmi 'l-asqam. Allāhumma ṣalli wa sallim 'alā ṭal'ati 'l-ḥaqqi bi 'l-ḥaqqi 'l-kanzi 'l-ā'ẓami ifāḍatika minka ilayka iḥāṭati 'n-nūri 'l-muṭalsam. SallAllāhu 'alayhi wa 'alā ālihi ṣalātan tu'arrifunā bihā iyyāh.*

Oh Allah! Exalta, y saluda a la Fuente de la Misericordia Divina !El Verdadero Rubí que Abarca el Centro de Comprensión y Significados, la Luz del Mundo, que es de hecho el Hijo de Adán El Poseedor de la Verdad Divina, el Rayo Más Luminoso en las nubes llenas de lluvia que llenan todos los mares como receptáculos, y la Luz más Brillante con la que llenasTe el universo y que rodea todos los lugares de la existencia!

Oh Allah! Bendice y saluda a la Fuente de la Verdad de la que las manifestaciones de las realidades son manifiestas. La Fuente del Conocimiento, el Más Correcto, el Completo y Más Recto Camino. O Allah! Bendice y saluda el Advenimiento de la Verdad por la Verdad! el Tesoro más Grande! Tú Desbordamiento que ha venido de Sí Mismo por Sí Mismo, y el Círculo de la Luz Misteriosa! Quiera Allah bendecir al Profeta y a su Familia, una oración que nos lleva al conocimiento de él!

## 7) Ṣalawāt Ūli 'l-´Azam, Salawat de los Profetas poseedoras de los Más Altos Propósitos.

**(Leer 3 veces diariamente)**

Recitar este *ṣalawāt* tres veces equivale a leer el *Dalā'il al-Khayrāt* completo.

اللّٰهُمَّ صَلِّ عَلَى سَيِّدِنَا مُحَمَّدٍ وَسَيِّدِنَا آدَمَ وَسَيِّدِنَا نُوحٍ وَسَيِّدِنَا إِبْرَاهِيمَ وَسَيِّدِنَا مُوسَى وَسَيِّدِنَا عِيسَى وَمَا بَيْنَهُمْ مِنَ النَّبِيِّينَ وَالْمُرْسَلِينَ صَلَوَاتُ اللهِ وَسَلَامُهُ عَلَيْهِمْ أَجْمَعِينَ.

***Allāhumma ṣalli ʿalā Sayyīdinā Muḥammadin wa Sayyīdinā Ādama wa Sayyīdinā Nūḥin wa Sayyīdinā Ibrāhīma wa Sayyīdinā Mūsā wa Sayyīdinā ʿIsā wa mā baynahum mina ʼn-nabīyyīna wa ʼl-mursalīna ṣalawātu ʼLlāhi wa salāmuhu ʿalayhim ajmaʿīn.***

Oh Allāh, exalta a nuestros maestros Muḥammad, y Adán y Abraham, y Moisés y Jesús y a todos los Profetas y Mensajeros entre ellos, que las oraciones y la paz de Allah sean sobre todos ellos!.

## 8) Ṣalawāt de Grandsheikh AbdAllāh

**(leer 100veces diariamente)**

Grandsheikh ق dijo que si no eres capaz de recitar *Dalā'il al-Khayrāt* como parte de tu *wird* diario, recita este *ṣalawāt* 100 veces, que es la forma más fácil y sencilla de hacer *ṣalawāt* al Profeta ﷺ, que muestra la humildad del Profeta ﷺ hacia su Señor. Es por esto la importancia de leer el *Dalā'il al-Khayrāt,* pero si no puedes, recitar este *Ṣalāt* 100 veces, es proporcional a leer un capítulo diario del *Dalā'il al-Khayrāt,* un consejo para todos de Grandsheikh ق:

> O hijo /hija amada! De manera de alcanzar seguridad y ganar la Guía de Allāh ﷻ, he recopilado para ustedes los tesoros del *ṣalawāt* sobre el Profeta ﷺ. Manténgalos y no los pierdan, y así de este modo con la *barakah* del *ṣalāt ʹalā an-Nabi* ﷺ y con la mejor de las salutaciones, Oh hijo mío, ten cuidado de no perder el *ṣalāt* sobre el Profeta ﷺ ya que estaremos perdiendo demasiado! Ten cuidado de dejarlo caer, ya que el *ṣalāt* sobre el Profeta ﷺ es tan beneficioso y tan altamente apreciado por la Divina Presencia, y es el Camino y la Puerta a la Perfección, y es la Gran Entrada! Oh hijo mío! Yo te aconsejo de mantenerlo y tal vez te encontrarás con el Profeta ﷺ ya sea en sueños o en alguna visión en estado de vigilia.

اَللّٰهُمَّ صَلِّ عَلَى مُحَمَّدٍ وَعَلَى آلِ مُحَمَّدٍ وسَلِّم

***Allāhumma ṣalli ʿalā Muḥammadin wa ʿalā āli Muḥammadin wa sallim.***

Oh Allāh! Envía bendiciones y paz sobre Muḥammad y la familia de Muḥammad ﷺ.

## 9) Ṣalawāt al-Askandarī (leer 10 veces al día)

Un día Jamāluddīn bin ʹAlī Askandarī ﵁ vio al Profeta ﷺ en un sueño, quien dijo, "*Yā* Muḥammad Ibn ʹAlī Askandarī!te enseñaré algunas palabras que si tú las lees diez veces, será como si leyeras tu *wird* (devociones espirituales) completo todo el día y toda la noche con sus recompensas. Repite después de mi". Y lo estamos diciendo ahora después del Profeta ﷺ:

اللَّهُمَّ صَلِّ عَلَى سَيِّدِنَا مُحَمَّدٍ السَّابِقِ لِلْخَلْقِ نُورُهُ وَرَحْمَةً لِلْعَالَمِينَ ظُهُورُهُ عَدَدَ مَنْ مَضَى مِنْ خَلْقِكَ وَمَنْ بَقِيَ وَمَنْ سَعِدَ مِنْهُم وَمَنْ شَقِيَ صَلَاةً تَسْتَغْرِقُ الْعَدَّ وَتُحِيطُ بِالْحَدِّ صَلَاةً لَا غَايَةَ لَهَا وَلَا إِنْتِهَاء ولا أمد لها وَلَا انْقِضَاء صَلَاةً دَائِمَةً بِدَوَامِكَ باقية ببقائك وَعَلَى آلِهِ وَصَحْبِهِ وَسَلِّمْ تَسْلِيمًا مِثْلَ ذَلِكَ.اللَّهُمَّ صَلِّ عَلَى مُحَمَّدٍ وَعَلَى آلِ مُحَمَّدٍ وَاجْزِ مُحَمَّداً عَنّا مَا هُوَ أَهْلُهُ اللَّهُمَّ صَلِّ عَلَى مُحَمَّدٍ وَعَلَى آلِ مُحَمَّدٍ عَدَدَ مَا عَلِمْتَ وَزِنَةَ مَا عَلِمْتَ وَ مِلْءَ مَا عَلِمْتَ اللَّهُمَّ صَلِّ وَ سَلِّم وَ بَارِك عَلَى سَيِّدِنَا وَ مولَانا مُحَمَّدٍ وَ عَلَى كُلِ نَبِي وَ عَلَى جِبرِيلَ وَ عَلَى كُل مَلَك وَ عَلَى ابي بكر وَ عَلَى كُل وَلِي.

***Allāhumma ṣalli ʿalā Sayyīdinā Muḥammadini ʹs-sābiqi li ʹl-khalqi nūruhu wa ʹr-raḥmatan li ʹl-ʿālamīna ẓuhūruhu ʿadada man maḍā min khalqika wa man baqīya wa man saʿida minhum wa man sḥaqīya ṣalātan tastaghriqu ʹl-ʿadda wa tuḥītu bi ʹl-ḥaddi ṣalātan lā ghāyata lahā wa lā ʹntihā wa lā amada lahā wa lā ʹnqiḍā ṣalātan dāʹimatan bi-dawāmika bāqīyatan bi-baqāʹika wa ʿalā ālihi wa ṣaḥbihi wa sallim taslīman mithla dhālik. Allāhumma ṣalli ʿalā Muḥammadin wa ʿalā āli Muḥammadin wʹajzi Muḥammadan ʿanna mā huwa ahluhu. Allāhumma ṣalli ʿalā Muḥammadin wa ʿalā āli Muḥammadin ʿadada mā ʿalimta wa zinata mā ʿalimta wa milʹā mā ʿalimta. Allāhumma ṣalli wa sallim wa bārik ʿalā Sayyīdinā wa Mawlanā Muḥammadin wa ʿalā kulli nabīyyin wa ʿalā Jibrāʹīla wa ʿalā kulli malakin wa ʿalā Abī Bakrin wa ʿalā kulli walīyyin.***

Oh mi Señor! Exalta a nuestro Maestro Muḥammad, cuya luz precedió toda Creación, cuya aparición es la Misericordia para Todos los Mundos, en el número de Tus Creaciones que han pasado antes y en el número de las que aún existen, aquellos que son afortunados y aquellos que no lo son, con bendiciones que excedan toda cuenta y que abarquen todos los límites, bendiciones sin límites, sin fronteras, bendiciones incesantes que son eternas, duraderas así como Tú perduras! De igual forma bendice a su Familia ﵃ y a sus Compañeros y otórgales a él y a ellos abundante paz en igual medida. Oh mi Señor! Exalta a nuestro Maestro Muḥammad y a la Familia de Muḥammad, y recompensa a nuestro Maestro Muḥammad tanto como él merece ser recompensado. Oh mi Señor! Exalta a Muḥammad y a la Familia de Muḥammad con el número de Tus Decoraciones y con las bellezas de Tus Decoraciones y que sea tan abundante como lo que Tú sabes. Oh mi Señor! Exalta y saluda y bendice a nuestro Maestro Muḥammad y a cada Profeta, Jibrīl y a cada ángel, Abū Bakr y a cada santo.

## 10) Ṣalawāt al-Bakrī

En el libro *Kunūz al-Asrār,* página 30, es mencionado que este *ṣalawāt* es igual a 100,000 *ṣalawāt.*

اللَّهُمَّ صَلِّ عَلَى سَيِّدِنَا مُحَمَّد وَعَلَى آلِهِ صَلاةً تَزِنُ الأرضِينَ وَالسَّمَواتِ عَدَدَ مَا فِي عِلمِكَ عَدَدَ جَواهِرِ أفرَادِ كُرَةِ العَالَمِ وَأضعَافَ ذَلِكَ إنَّكَ حَميدٌ مَجيد

***Allāhumma ṣalli ʿalā Sayyīdinā Muḥammadin wa ʿalā ālihi ṣalātan tazina 'l-arḍīna wa 's-samawāti ʿadada mā fī ʿilmika ʿadada jawāhiri afrādi kurrati 'l-ʿālam wa aḍʿāfa dhālika innaka ḥamīdun majīd.***

Oh Allāh! Envía sobre Sayyīdinā Muḥammad y su Familia, tantas oraciones como el peso de las tierras y los cielos, y todo lo que está en Tu Conocimiento, como el número de las joyas de los habitantes del universo y el doble de eso, porque Tú eres Glorioso y digno de Alabanza.

## 11) Ṣalawāt que equivale a 100,000 Ṣalawāt

**(Leer 1 vez al día)**

اللّهُمَ صَلِّ عَلَى سَيِّدِنَا مُحَمّدٍ عَبدِكَ ونَبيِّكَ ورَسُولِكَ النَبِيّ الأُمِّيّ وعَلَى آلِهِ وصَحْبِهِ وَسَلِّمْ تَسلِيماً.بِقَدرِ عَظَمَةِ ذَاتِكَ فِى كُلِّ وَقتٍ وحِين

***Allāhumma ṣalli ʿalā Sayyīdinā Muḥammadin ʿabdika wa nabīyyika wa rasūlika an-nabīyyi 'l-ummīyy wa ʿalā ālihi wa ṣaḥbihi wa sallim taslīman bi qadari ʿazhamati dhātika fī kulli waqtin wa ḥīn.***

Oh Allāh! Envía oraciones sobre Sayyīdinā Muḥammad, Tu Servidor y Tu Profeta y Tu Mensajero, el Profeta Iletrado, y envía paz y salutaciones tantas como la cantidad de la Magnificencia de Tu Esencia, en todos los tiempos y momentos.

## 12) Ṣalāt al-Kāmil, La oración sobre el Perfecto ﷺ

**(Leer una vez al día entre *Maghrib* e *'Ishā*)**

Este es el más honorable *ṣalawāt* sobre el cual los *awlīyāullāh* dijeron que una recitación equivale a 70,000 *ṣalawāt*. En la escuela Shafi'ī dicen que su recompensa no tiene fin, así como la perfección de Allāh no tiene fin! Se lee entre Maghrib e 'Ishā, especialmente para eliminar el olvido y así fortalecer la memoria.

اَللّٰهُمَّ صَلِّ وَسَلِّمْ وَبَارِكْ عَلَى سَيِّدِنَا مُحَمَّدٍ وَعَلَى آلِهِ كَمَا لاَ نِهَايَةَ لِكَمَالِكَ وَعَدَدَ كَمَالِهِ

***Allāhumma ṣalli wa sallim wa bārik 'alā Sayyīdinā Muḥammadin wa 'alā ālihi kamā lā nihāyata li-kamālika wa 'adada kamālih.***

Oh Allāh! Concede Tus Bendiciones, Paz y Gracia sobre nuestro Maestro Muḥammad y Su Familia sin límites, así como no hay límites en Tú Perfección y como el número de perfecciones con las que Tú lo vestiste.

## 13) Ṣalawāt Kamālīya, La Alabanza de la Perfección

*Ṣalawāt Kamālīya* es similar a *Aṣ-Ṣalāt al-Kāmil,* pero con la diferencia que se le agrega *'adada kamālillāh wa kamā yalīqu bi kamālihi,* "como el número de las Perfecciones de Allāh y como la grandeza de la palabra 'perfección' en sí misma," que no es lo que entendemos, sino la Perfección Divina que no tiene menos ni tiene más, es el más alto nivel de Perfección Divina No Creada!. En algunas narraciones seguidas más comúnmente en la escuela de pensamiento Shāfi'ī y en países del medio oriente, se dice que no hay límites para las recompensas de este *salawāt,* por lo tanto, no se puede decir que es igual a 600,000 o 1,000,000. Este *ṣalāt* no tiene límites en recompensas y beneficios, así como la Perfección de Allāh no tiene límites. !

اللّٰهُمَّ صَلِّ وَبَارِكْ عَلَى سَيِّدِنَا مُحَمَّدٍ وَعَلَى آلِهِ عَدَدَ كَمَالِ الله وَكَمَا يَلِيقُ بِكَمَالِهِ

***Allāhumma salli wa bārik 'alā Sayyīdinā Muḥammadin wa 'alā ālihi 'adada kamālillāh wa kamā yalīqu bi kamālihi.***

Oh Allāh! Concede tus Bendiciones, Paz y Gracia sobre nuestro Maestro Muḥammad y sobre su Familia acorde a la perfección de Allāh ﷻ así como corresponde a Su Perfección!

## 14) Ṣalāt as-Sa'adah, Alabanzas de Felicidad

**(leer 1 vez o 70 veces diariamente)**

En el libro *Afḍal as-Ṣalawāt* de Sheikh Aḥmad as-Sāwī, está escrito que si se lee este *ṣalawāt* una vez, es recompensado como si hicieras *ṣalawāt* 600,000 veces, y si lo recitas 70 veces diariamente, serás liberado del fuego del infierno.

اللّٰهُمَّ صَلِّ عَلَى سَيِّدِنَا مُحَمَّدٍ عَدَدَ مَا فِي عِلْمِ الله صَلاَةً دَائِمَةً بِدَوَامِ مُلْكِ الله.

***Allāhumma ṣalli 'alā Sayyīdinā wa Mawlanā Muḥammadin 'adada mā fī 'ilmillāhi ṣalātan dā'imatan bi-dawāmi mulkillāh.***

Oh Allāh! Exalta y envía paz sobre nuestro Líder y Maestro Muḥammad como el número de lo que existe en el Conocimiento de Allāh, con oraciones interminables, tanto como el Reino de Allāh exista.

## 15) Ṣalawāt adh-Dhātīyyah, Oración de la Esencia

**(Leer una vez al día)**

*Ṣalawāt adh-Dhātīyyah* usa un lenguaje Árabe poco común. Sayyīdinā Muḥyuddīn ibn ʿArabi ق lo recopiló y este tiene tan profundos y escondidos significados. Este *ṣalawāt* fue encontrado en la mezquita de la Universidad de al-Azhar en Egipto, y también apareció en copias antiguas del *Dalā'il al-Khayrāt.* Una recitación de este *ṣalawāt* te brindará incontable *barakah,* como si recitarás el *Dalā'il al-Khayrāt* todo el día todos los días, y obtendrás 70,000 recompensas y bendiciones!

اللَّهُمَّ صَلِّ عَلى الذّاتِ المُطَلْسَمِ وَالْغَيْبِ المُطَمْطَمِ لاَهُوتِ الجَمالِ نَاسُوتِ الْوِصَالِ طَلْعَةِ الْحَقِّ كنزِ عَينِ إِنْسَانِ الْأَزَلِ فِي نَشْرِ مَنْ لَمْ يَزَلْ فِي قَابَ نَاسُوتِ الْوِصَالِ الْأَقْرَبِ اللَّهُمَّ صَلِّ بِهِ مِنْهُ فِيهِ عَلَيْهِ وَسَلَّمَ.

***Allāhumma ṣalli ʿalā ʻdh-dhāti ʻl-muṭalsami wa ʻl-ghaybi ʻl-muṭamṭami lāhūti ʻl-jamāli nāsūti ʻl-wiṣāli ṭalʿati ʻl-ḥaqqi kanzi ʿayni insāni ʻl-azali fī nashri man lam yazal fī qāba nāsūti ʻl-wiṣāli ʻl-aqrab. Allāhumma ṣalli bihi minhu fīhi ʿalayhi wa sallam.***

Aquí Allāh ﷻ envía Sus oraciones y Alabanzas a la Esencia del Profeta ﷺ, la cual nadie conoce, ya que es oculta y nadie puede penetrar en sus realidades sin conocer los códigos secretos necesarios para abrirlas y decodificarlas.

*Adh-dhāti 'l-Muṭalsam,* "La Esencia Cubierta que nadie puede abrir." *Al-Ghaybi 'l-Muṭamṭam,* "Lo Oculto Absoluto que nadie puede alcanzar o analizar." *Lāhūt al-Jamāl,* no hay nadie más bello que el Profeta ﷺ; Él es " la Belleza de este Universo y los Cielos!" *"Lāhūt"* significa "aquello que pertenece a la tierra" y *"Nāsūt"* es la conexión entre los Cielos y la Tierra, que es Sayyīdinā Muḥammad ﷺ.

*Ṭalʿati 'l-Ḥaqq,* "la Apariencia de la Verdad, donde Allāh ﷻ lo vistió con las vestiduras de la Justicia y la Belleza!"

*Insāni 'l-azali fī nashri man lam yazal,* Él es el ser humano venido de Aquel que proviene de *Azal,* pre-eternidad, a *Abad,* eternidad, quien otorgará apertura a partir de los secretos de los Bellos Nombres y Atributos Celestiales."

*Fī qāba nāsūti 'l-wiṣāli 'l-aqrab,* "Él abre solo a quien alcanza conexión entre la vida Terrenal y Celestial, y a quien irá otorgando apertura a medida que avance a los Cielos."

*Ṣalli bihi* (diferente que *"ṣalli ʿalayh"*) Significa, "Haz el *ṣalāt* a través del Profeta ﷺ, *minhu,* 'desde él a él, *fīhi,* 'en él, y *ʿalayhi,* 'sobre él!"

## 16) Variación del Ṣalawāt al-Askandarī (leer una vez al día)

Si se lee esto una vez, Allāh ﷻ dejará pasar 100,000 pecados! Con solo una recitación de este *ṣalawāt* Allāh ﷻ perdonará y quitará 100,000 pecados graves, *kabā'ir;* con dos recitaciones, 200,000 pecados graves; con 3 recitaciones, 300,000 pecados graves; y con diez recitaciones, un millón de pecados graves!

اللّٰهُمَ صَلِّ عَلَى سَيِّدِنَا مُحَمّدٍ الْسَّابِقِ لِلْخَلْقِ نُوْرُهُ، وَالْرَّحْمَةِ لِلْعَالَمِيْنَ ظُهُوْرُهُ، عَدَدَ مَنْ مَضَىٰ مِنْ خَلْقِكَ وَمَنْ
بَقِيَ، وَمَنْ سَعِدَ مِنْهُمْ وَمَنْ شَقِيَ، صَلَاةً تَسْتَغْرِقُ الْعَدَّ، وَتُحِيْطُ بِالْحَدِّ، صَلَاةً لَا غَايَةَ لَهَا وَلَا مُنْتَهَى وَلَا إِنْقَضَا،
وَتُنِيْلُنَا بِهَا مِنْكَ الْرِّضَا، صَلَاةً دَائِمَةً بِدَوَامِكَ وَبَاقِيَةٌ بِبَقَائِكَ الَىَ.يَوْمِ الْدِّيْنِ، وَعَلَىَ آلِهِ وَصَحْبِهِ وَسَلِّمْ مِثْلَ ذَلِكَ

***Allāhumma ṣalli 'alā Sayyīdinā Muḥammadini 's-sābiqi li 'l-khalqi nūruhu wa 'r-raḥmati li 'l-'ālamīna ẓuhūruhu 'adada man maḍā min khalqika wa man baqīya wa man sa'ida minhum wa man sḥaqīya ṣalātan tastaghriqu 'l-'adda wa tuḥītu bi 'l-ḥaddi ṣalātan lā ghāyata lahā wa lā muntahā wa lā 'nqiḍā wa tunīlanā bihā minka 'r-riḍā ṣalātan dā'imatan bi-dawāmika bāqīyatun bi-baqāika ilā yawmi 'd-dīni wa 'alā ālihi wa ṣāḥbihi wa sallim mithla dhālik.***

Oh Allāh! Exalta a nuestro Maestro Muḥammad, cuya Luz precedió toda Creación, cuya aparición es la Misericordia para Todos los Mundos, en el número de Tus Creaciones que han pasado antes y en el número de las que aún existen, aquellos que son afortunados y aquellos que no lo son, con bendiciones que excedan toda cuenta y que abarquen todos los límites, bendiciones sin límites, sin fronteras, a través de las que Tu nos otorgaste Tu Buen Placer, bendiciones incesantes que sos eternas, duraderas como Tú perduras.

Oh Allāh! Bendice a nuestro Maestro Muḥammad ﷺ, cuyo corazón está tan lleno de Tu Gloria y cuyos ojos están tan llenos de Tu belleza con la que Él llegó a ser dichoso, apoyado y victorioso!. Y del mismo modo bendice a su Familia y Compañeros y otórgales paz en abundancia, y las alabanzas sean para Allāh ﷻpor todo esto. (*Dalā'il al-Khayrāt*)

## 17) Sayyid aṣ-Ṣalawāt, El Maestro de los Salawat Sobre el Profeta ﷺ

Como un agregado al *Ṣalawāt de* Sayyīdinā 'Alī, este fue dado por el Profeta ﷺ en una visión a Sheikh Sharafuddin ق, quien dijo, " Recitar este *ṣalawāt* aunque sea una sola vez en tu vida es más poderoso que si toda la Creación estuviese 24 horas en *ṣalawāt,* y repitiéndolo durante toda sus vidas, y este *ṣalawāt* pesará más en la Balanza que todos los *ṣalawāt* juntos. También, si se recita este *ṣalawāt* en frente de *Muwājaha al-Sharifah* (La Puerta de la Noble Tumba del Profeta ﷺ) en *Madīnatu 'l-Munawwara,* no solo estarás concediendo el *ṣalawāt* de toda la Creación, si no también serás recompensado directamente por Allāh ﷻ, y no hay forma de saber cuánto Allāh ﷻ recompensa por este *ṣalawāt*."

على أشْرَفِ العالَمِينَ سَيِّدِنا مُحَمَّدٍ الصَلَوات

على أفْضَلِ العالَمِينَ سَيِّدِنا مُحَمَّدٍ الصَلَوات

على أكْمَلِ العالَمِينَ سَيِّدِنا مُحَمَّدٍ الصَلَوات

صَلَواتُ الله تعالى ومَلائِكَتِهِ وأنبيائه ورَسُلِهِ وجَميعِ خَلْقِهِ على مُحَمَّدٍ وعلى آلِ مُحَمَّدٍ، عليه وعليهِمُ السَّلامُ ورَحْمَةُ الله تَعالى وبَرَكاتُهُ ورَضِيَ اللهُ تَبارَكَ وتَعالى عَنْ سادَاتِنا أصْحابِ رَسُولِ الله أجْمَعين وعَنِ التَّابِعينَ بِهِم بِإحْسان وعَنِ الأئِمَّة المُجْتَهِدين الماضين وعَنِ العُلَماءِ المُتَّقين وعَنِ الأوْلياءِ الصالِحين وعَن مَشايِخِنا في الطَريقَةِ النَقْشْبَنْدِيّة العَلِيّة، قدَّسَ اللهُ تَعالى أرْواحَهُمُ الزَكِيّة ونَوَّر اللهُ تَعالى أضْرِحَتَهُم المُبارَكة وأعادَ اللهُ تَعالى علينا من بَركاَتِهِم وفُيُوضاتِهِم دائِمًا والحَمدُ لله رَبِّ العالَمِين - الفاتِحة

***'Alā ashrafi 'l-'ālamīna Sayyīdinā Muḥammadini 'ṣ-ṣalawāt.***
***'Alā afḍali 'l-'ālamīna Sayyīdinā Muḥammadini 'ṣ-ṣalawāt.***
***'Alā akmali 'l-'ālamīna Sayyīdinā Muḥammadini 'ṣ-ṣalawāt.***
***Ṣalawātullāhi ta'ālā wa malā'ikatihi wa anbīyāihi wa rusulihi wa jamī'i khalqihi 'alā***
***Muḥammadin wa 'alā āli Muḥammad 'alayhi wa 'alayhimu 's-salām wa raḥmatullāhi ta'ālā wa barakātuh.***
***Wa raḍīy-Allāhu tabāraka wa ta'ālā 'an sādātinā aṣḥābi rasūlillāhi ajma'īn. Wa 'ani 't-tābi'īna bihim bi-iḥsānin, wa 'ani 'l-a'immati 'l-mujtahidīni 'l-māḍīn, wa 'ani 'l-'ulamāi 'l-muttaqīn, wa 'ani 'l-awlīyāi 'ṣ-ṣāliḥīn, wa 'an mashāyikhinā fi 'ṭ-ṭarīqati 'n Naqshbandīyyati 'l-'alīyyah, qaddas-Allāhu ta'ālā arwāḥahumu 'z-zakīyyat wa nawwar-Allāhu ta'ālā aḍriḥatahumu 'l-mubārakah wa a'ād-Allāhū ta'ālā 'alaynā min barakātihim wa fuyūḍātihim dā'iman wa 'l-ḥamdulillāhi rabbi 'l-'ālamīn. Al-Fātiḥah.***

Sobre el Más Noble de toda la Creación, nuestro Maestro Muḥammad, Bendiciones!
Sobre el Más Preferido de toda la Creación nuestro Maestro Muḥammad, Bendiciones!
Sobre el Más Perfecto de toda la Creación, nuestro Maestro Muḥammad, Bendiciones!
Las bendiciones de Allāh Todopoderoso, de Sus Ángeles, de Sus Profetas, de Sus Mensajeros, y de toda la Creación, sean sobre Muhammad y la Familia de Muhammad; que la Paz y la Misericordia de Allāh Todopoderoso y Sus Bendiciones sean sobre él y sobre ellos.
Quiera Allāh , el Bendito, el Altísimo, estar complacido con cada uno de nuestros Maestros, con los Compañeros del Emisario de Dios y con aquellos que lo siguieron con excelencia y con los primeros maestros de jurisprudencia y con los piadosos eruditos, y los santos rectos, y con nuestros Sheijs dentro de la exaltada Orden Naqshbandi. Quiera Allāh Todopoderoso santificar sus almas puras, e iluminar sus benditas tumbas. Quiera Allāh Todopoderoso hacer volver hacia nosotros sus bendiciones y abundancia desbordante, siempre. Toda alabanza le pertenece a Allāh, Señor de los Mundos. Al -Fatiha.

## 18) Ṣalawāt de Sayyīdinā ʿAlī
### (leer 3 veces diariamente, 100 veces en *Jumuʿah*)

Sayyīdinā ʿAlī dijo , "si lees este *ṣalawāt* tres veces diariamente y cien veces en *Jumūʿah*, será como si hubieran leído los ṣalawāt de toda la Creación, incluyendo todos los, *ins* (seres humanos), jinn, ángeles y todo lo que hace *ṣalawāt* sobre Sayyīdinā Muḥammad, y el Profeta te llevará de la mano al Paraíso." Este ṣalawāt es la puerta para Sayyīdinā Muḥammad, como fue dado por el Profeta a Sayyīdinā ʿAlī

صَلَوَاتُ الله تَعَالى وَمَلَائِكَتِهِ وَأَنْبِيَائه وَرَسُلِهِ وَجَمِيعِ خَلْقِهِ على مُحَمَّدٍ وعلى آلِ مُحَمَّدٍ، عليه وعليهمُ السَّلامُ وَرَحْمَةُ الله تَعَالى وَبَرَكَاتُهُ.

*Ṣalawātullāhi taʿālā wa malāʾikatihi wa anbīyāʾihi wa rusulihi wa jamiʿī khalqihi ʿalā Muḥammadin wa ʿalā āli Muḥammad ʿalayhi wa ʿalayhimu ʾṣ-ṣalām wa raḥmatullāhi taʿālā wa barakātuh.*

Las bendiciones de Allāh Todopoderoso, de Sus Ángeles, de sus Profetas, de Sus Mensajeros, y de toda la Creación, sean sobre Muhammad y la familia de Muhammad; que la Paz y la Misericordia de Allāh Todopoderoso y Sus Bendiciones sean sobre Él y sobre ellos.

# Recitar en *Jumū ʿah*

1. Ṣalāt al-ʿĀlī al-Qadr, Salat del Más Alto Valor (Para la Claustrofobia)
2. Ṣalawāt de Sayyīdinā ʿAlī
3. Ṣalawāt Para ver a tu Señor en Sueños

# 1) Ṣalāt al-ʹĀlī al-Qadr, Salat del más alto valor (Para la claustrofobia)

**(leer 10 veces después del *ʹIshā* / 1 vez en la noche del *Jumūʹah*)**

Como es mencionado por muchos *awlīyāullāh*, extraído del libro, *"Sharḥ Ṣalawāt ad-Dardīr al-ʹAllāmah as-Sāwī"*, recitando este *ṣalawāt* se eliminará la claustrofobia y traerá alivio en la tumba. También eliminará el miedo a los ángeles interrogatorios, *Munkar* y *Nakir*. Quien quiera que recite este *ṣalawāt* una vez cada Viernes, luego de su muerte, el Profeta ﷺ irá a su entierro y lo enterrará con sus propias manos benditas.

Numerosos *awlīyāullāh* han dicho, "Quien recite este *ṣalawāt* incluso una vez el Viernes o Jueves por la noche, Allāh ﷻ "permitirá que su alma se vea como la más Ejemplar de Todas las Almas", no solo cuando su alma deje el cuerpo, si no también cuando sea llevado a su tumba, hasta que vea que el Profeta ﷺ es quién cuida de él en esa tumba. Los *awlīyāullāh* dicen que el ser consistente en la recitación de *as-Ṣalāt al-ʹĀlī al-Qadr,* diez veces diariamente y una vez en la noche del *Jumuʹah,* te traerá *khayr al-jasīm,* las incontables bondades que provengan de esto. Además el libro *Faṭḥ ar-Rasūl* dice que quien lo lee diez veces luego del ʹIshā, será recompensado como si lo hubiese recitado toda la noche.

اللَّهُمَّ صَلِّ وَسَلِّمْ وَبَارِكْ عَلَى سَيِّدِنَا مُحَمَّدٍ النَّبِيِّ الأُمِّيِّ الْحَبِيبِ الْعَالِي الْقَدْرِ الْعَظِيمِ الْجَاهِ وَعَلَى.آلِهِ وَصَحْبِهِ وَسَلِّمْ

***Allāhumma ṣalli ʿalā Sayyīdinā Muḥammadi ʹn-Nabīyyi ʹl-Umīyyi ʹl-Ḥabībi ʹl-ʿālīyyi ʹl-qadri ʹl-ʿaẓīmi ʹl-jāhi wa ʿalā ālihi wa ṣaḥbihi wa sallim.***

Oh Allāh! Exalta y saluda y bendice a nuestro Maestro Muhammad el Profeta Iletrado, el Amado de Más Alto Valor, Poseedor de una Inmensa Posición y sobre su Familia ؓ y Compañeros ؓ envía paz.

# 2) Ṣalawāt de Sayyīdinā ʿAlī ؓ

**(leer 3 veces diariamente, 100 veces en *Jumuʿah*)**

Sayyīdinā ʿAlī ؓdijo , "si lees este *ṣalawāt* tres veces diariamente y cien veces en *Jumūʿah,* será como si hubieran leído los ṣalawāt de toda la Creación, incluyendo todos los, *ins* (seres humanos), jinn, ángeles y todo lo que hace *ṣalawāt* sobre Sayyīdinā Muḥammad ﷺ, y el Profeta ﷺ te llevará de la mano al Paraíso." Este ṣalawāt es la puerta para Sayyīdinā Muḥammad ﷺ, como fue dado por el Profeta ﷺ a Sayyīdinā ʿAlī ؓ

صَلَواتُ اللهِ تعالى ومَلائِكَتِهِ وأنبيائه ورَسُلِهِ وجَميعِ خَلْقِهِ على مُحَمَّدٍ وعلى آلِ مُحَمَّدٍ، عليه وعليهِمُ السَّلامُ ورَحْمَةُ اللهِ تَعالى وبَرَكاتُهُ.

***Ṣalawātullāhi ta'ālā wa malā'ikatihi wa anbīyā'ihi wa rusulihi wa jami'ī khalqihi 'alā Muḥammadin wa 'alā āli Muḥammad 'alayhi wa 'alayhimu 'ṣ-ṣalām wa raḥmatullāhi ta'ālā wa barakātuh.***

Las bendiciones de Allāh Todopoderoso, de Sus Ángeles, de sus Profetas, de Sus Mensajeros, y de toda la Creación, sean sobre Muhammad y la familia de Muhammad; que la Paz y la Misericordia de Allāh Todopoderoso y Sus Bendiciones sean sobre Él y sobre ellos.

## 3) Ṣalawāt Para ver a tu Señor en Sueños
### (leer 1,000 veces en *Jumu`ah*)

En *Kunūz al-Asrār,* página 30, dice que cualquiera que recite este *ṣalawāt* mil veces en *Jumu'ah* verá a Allāh ﷻen sus sueños, como el Profeta ﷺ dijo, "Vi a mi Señor viniendo hacia mi sonriendo." *Inshā'Allāh,* Allāh ﷻ otorgará que puedas ver Sus Manifestaciones o a Su Profeta ﷺ,o tu lugar en el Paraíso. Si por alguna razón no llegas a ver esto, continúa recitándolo por cinco semanas, ha sido hecho y los recitadores han sido capaces de ver!

Abū Faḍl Qawmānī (quiera Allāh tener misericordia con él) narró que una persona vino hacía él desde Khurāsān y dijo, "estuve en Madīnat al-Munawwara. Vi al Noble Profeta ﷺ en un sueño y Él me dijo, 'cuando vayas a Hamdān, expresa mis saludos a Abū Faḍl Qawmānī. Pregunté la razón de esto. El Noble Profeta ﷺ dijo, 'él otorga las siguientes bendiciones sobre mi más de cien veces diariamente.' Abū Fadl Qawmānī dijo, "Esta persona juró que él nunca me había conocido o había escuchado mi nombre antes de que el Noble Profeta ﷺ lo informó en sus sueños. Traté de darle algo de comida, pero se rehusó diciendo, 'no voy a vender (tomar algo a cambio) por el mensaje del Noble Profeta ﷺ!' Nunca vi a esta persona después de esto." (*Al-Qawl al-Badī'*)

اللّٰهُمَّ صَلِّ عَلَى سَيِّدِنَا مُحَمَّدٍ النَّبِيِّ الأُمِّيِّ جَزَى اللهُ عَنَّا مُحَمَّدًا مَا هُوَ أَهْلُه

***Allāhumma ṣalli 'alā Sayyīdinā Muḥammadi 'n-Nabīyyi 'l-Ummīyy jazā-Allāhu 'annā Muḥammadan mā hūwa āhluh.***

Oh Allāh! Bendice a nuestro Maestro Muḥammad, el Profeta Iletrado. Quiera Allāh recompensar a Muḥammad ﷺ en nuestro favor, Con los beneficios que el merece.

# Recitar Para Beneficos Específicos

1. Ṣalawāt Para ver al Profeta ﷺ en Sueños.
2. Ṣalawāt al-Shafaʿah, Salawat de Intercesión y para ver al Profeta ﷺ en sueños
3. Ṣalawāt Para Shifā (Sanación)
4. Ṣalawāt de Īmām ash-Shāfiʿī

## 1) Ṣalawāt para ver al Profeta ﷺ en sueños

**( Leer 71 veces)**

Para ver al Profeta ﷺ, recite este salawāt 71 veces, lo verá y podrá oler su Fragancia Santa.

اللَّهُمَّ صَلِّ عَلَى مُحَمَّدٍ وَعَلَى آلِ مُحَمَّدٍ كَمَا أَمَرْتَنَا أَنْ نُصَلِّيَ عَلَيه.

***Allāhumma ṣalli ʿalā Muḥammadin wa ʿalā āli Muḥammadin kamā amartanā an nuṣallīya ʿalayh.***

Oh Allāh! Exalta a Muḥammad y a la Familia de Muḥammad como nos Has ordenado exaltarlo.

## 2) Ṣalawāt Shafa´ah, Salawat de Intercesión y para ver al Profeta ﷺ en Sueños **(Recitar hasta dormirse)**

Īmām Shaʿrānī relató que el Profeta ﷺ dijo, " Quién me vio en un sueño realmente me vió, porque Shaytan no puede adoptar mi imagen. Y cualquiera que haga *ṣalawāt* en esta forma me verá en sus sueños, y quien me ve en sueños, me verá en el Día del Juicio, y quien me vea en el Día del Juicio intercederé por él y a quien interceda por él, beberá de mi cuenca, el *Ḥawḍ al-Kawthar* en el Paraíso, y quien beba de *al-Kawthar* será prohibido para él el entrar al Infierno". Me dije a mi mismo, "debo recitar esto!" y lo recitaba antes de dormir hasta quedarme dormido. Miré la luna y vi el honorable rostro del Profeta ﷺ y hablé con Él. Luego *ghāba fi 'l-qamar*, sentí que Él estaba en la luna hasta que desapareció. Le pedí a Allāh ﷻ que por la gracia de este *ṣalawāt*, me de todos los favores que Él da, no la provisión normal, sino las que Él dio a Su Amado, Sayyīdinā Muḥammad ﷺ, que Él prometió a cada mu'min, y sentí que lo estoy consiguiendo. (Vea *"Afḍal as-Ṣalawāt"*, página 58)

Mire a la luna y cierre sus ojos; sentirás que es como si el honorable rostro del Profeta está ahí apareciendo y desapareciendo. Como Īmām Sha´rānī dijo. Recite este *ṣalawāt* e *inshā'Allāh* verás al Profeta ﷺ.

اَللّٰهُمَّ صَلِّ عَلَى رُوحِ سَيِّدِنَا مُحَمَّدٍ فِي الْاَرْوَاحِ وَعَلَى جَسَدِهِ فِي الْاَجْسَادِ وَعَلَى قَبْرِهِ فِي الْقُبُورِ وَعَلَى اٰلِهِ وَصَحْبِهِ وَسَلِّم.

***Allāhumma ṣalli ʿalā rūḥi Sayyīdinā Muḥammadin fi 'l-arwāḥi wa ʿalā jasadihi fi 'l-ajsādi wa ʿalā qabrihi fi 'l-qubūri wa ʿalā ālihi wa ṣaḥbihi wa sallim.***

Oh Allāh! Derrama tus bendiciones sobre el Alma de Muḥammad de entre todas las almas, en el Corazón de Muḥammad de entre todos los corazones, y sobre el Cuerpo de Muḥammad de entre todos los cuerpos, y sobre la Tumba de Muḥammad de entre todas las tumbas. (*Dalā'il al-Khayrāt*)

## 3) Ṣalawāt Para Shifā (Sanación) (Leer 3 veces en el fajr)

A través de este *ṣalawāt*, tan pronto como decimos, "Oh Allāh! Alabado sea el Profeta ﷺ como el número de enfermedades y curas," Allāh ﷻ quita todas las enfermedades (espirituales y físicas) de nosotros y nos brinda sanación, cada enfermedad tiene su cura. Este *ṣalawāt* es para curar cada enfermedad espiritual causadas por las 800 malas características; se debe hacer *ṣalawāt* sobre el Profeta ﷺ de esta manera antes de que la enfermedad se expanda en nuevas formas en el cuerpo. Recitar este *ṣalawāt* quitará todo lo corroído de nuestros corazones y nos brindará provisión para el alma.

اللّٰهُمَّ صَلِّ عَلَى سَيِّدِنَا مُحَمَّدٍ وَعَلَى آلِ سَيِّدِنَا مُحَمَّدٍ بِعَدَدِ كُلِّ دَاءٍ وَ دواءٍ وَ بَارِك وَ سَلِّمْ عليه.وَعَلَيْهِمْ كَثِيرًا كثيرًا

وَالْحَمْدُ لله رَبِّ العَالَمِيْنَ

***Allāhumma ṣalli ʿalā Sayyīdinā Muḥammadin wa ʿalā āli Sayyīdinā Muḥammad bi ʿadadi kulli dā'in wa dawā'in wa bārik wa sallim ʿalayhi wa ʿalayhim kathīran kathīra, wa 'l-ḥamdulillāhi rabbi 'l-ʿālamīn.***

Oh Allāh! Sobre Muḥammad y la Familia de Muḥammad sean bendiciones, acorde al número de cada enfermedad y cura. Bendice otorga paz a Él y a Ellos, muchas veces, sin fin. Y las alabanzas pertenecen a Allāh, Señor de los Mundos.

(Extraído del libro de devociones Naqshbandi)

## 4) Ṣalawāt de Imam ash-Shāfi'ī ؓ

'AbdAllāh al-Hakam (un gran *ʿamīr* en el tiempo de Īmām Shāfiʿī) dijo, " vi a Īmām ash-Shāfiʿī en mis sueños y le pregunté, "'qué es lo que Allāh hizo por ti?' y respondió, 'Él derramó Su Misericordia sobre mí, me perdonó y adornó el Paraíso para mí, el cual vino hacía mi como una novia engalanada con todos sus adornos para su marido! Él me baño con ángeles y adornos celestiales como cuando se lanzan pétalos de rosa sobre la novia y el novio en el *Dunyā*. Le pregunté, 'como alcanzaste este nivel? 'él dijo, 'alguien me dijo que recitará un *ṣalawāt* específico y lo hice.'"

Recita este *ṣalawāt* para entrar al paraíso sin ser cuestionado:

للّٰهُمَّ صَلِّ على محمد عدد ما ذكره الذاكرون وغفل عن ذكره الغافلون

***Allāhumma salli ʿalā Muḥammadin ʿadada mā dhakarahu 'dh-dhākirūn wa ghafala ʿan dhikrihi 'l-ghāfilūn.***

Oh Allāh! Envía bendiciones sobre Muḥammad tantas como cuando Él es recordado por quienes lo recuerdan, y envía bendiciones sobre Muḥammad tantas como cuando su remembranza es abandonada por los descuidados.

www.ingramcontent.com/pod-product-compliance
Lightning Source LLC
Chambersburg PA
CBHW060507080526
44584CB00015B/1584
* 9 7 8 1 9 3 8 0 5 8 0 9 7 *